MW00709411

ATTENZIONE!

Le dosi sono per **4 persone**, salvo diversamente indicato. * Per **olio** si intende olio extravergine di oliva leggero, se altri sono precisati. * Lo **zucchero** è bianco semolato, se altro è precisato. * L'aceto è rosso di vino, se bianco o altro è precisato. * "**Cuocere**" si intende senza coperchio, se con coperchio è precisato. * **Grana**: a piacere utilizzate Parmigiano Reggiano o Grana Padano. * La **panna** è sempre quella fresca, da montare. * Il **forno** deve aver già raggiunto la temperatura indicata nelle ricette prima di introdurre il cibo. * Il **pepe** è nero e va macinato all'ultimo momento, se altrimenti è precisato. * Quando si indica la **scorza di limone** o **arancia**, si intende sempre di frutta non trattata.

Grazie a **Richard Ginori**
(www.richardginori1735.com)
per le attrezzature fornite per le foto.

Grazia a **Dalani** (www.dalani.it)
per le attrezzature fornite per le foto.

POLPETTE
chez moi

Testi: Allan Bay con Rosita Ghidini
Home economist: Rosita Ghidini
Fotografie: Manuela Vanni
Illustrazioni: Shutterstock Images
Impaginazione: Martino Gasparini

Redazione Gribaudo
Via Garofoli, 262
37057 San Giovanni Lupatoto (VR)
redazione@gribaudo.it

Responsabile iniziative speciali:
 Massimo Pellegrino
Responsabile editoriale: Franco Busti
Responsabile di redazione: Laura Rapelli
Redazione: Daniela Capparotto
Responsabile grafico e progetto: Meri Salvadori
Fotolito e prestampa: Federico Cavallon,
 Fabio Compri
Segreteria di redazione: Daniela Albertini

FSC
www.fsc.org
MISTO
Carta
da fonti gestite in
maniera responsabile
FSC® C101934

Stampa e confezione: Grafiche Busti srl,
Colognola ai Colli (VR), azienda certificata
FSC®-COC con codice CQ-COC-000104

© **2015 Gribaudo - IF -**
Idee editoriali Feltrinelli srl
Socio Unico Giangiacomo Feltrinelli Editore srl
Via Andegari 6 - 20121 Milano
info@gribaudo.it
www.feltrinellieditore.it/gribaudo/

Prima edizione: 2015 [12(H) 978-88-580-1517-9

IL RAZZISMO
È UNA
BRUTTA STORIA. ‹
razzismobruttastoria.net

Tutti i diritti sono riservati, in Italia e all'estero, per tutti i Paesi. Nessuna parte di questo libro può essere riprodotta, memorizzata o trasmessa con qualsiasi mezzo e in qualsiasi forma (fotomeccanica, fotocopia, elettronica, chimica, su disco o altro, compresi cinema, radio, televisione) senza autorizzazione scritta da parte dell'Editore. In ogni caso di riproduzione abusiva si procederà d'ufficio a norma di legge.

ALLAN BAY

POLPETTE
chez moi

GRIBAUDO

Tutto il gusto

IN UN
BOCCONE

Le polpette le amiamo tutti, sempre e comunque.
Per tanti motivi.

UNO Costano poco dato che si possono fare con tutti i tagli di carne, anche quelli "minori", che è doveroso scrivere fra virgolette ché sempre sono meno costosi ma spesso anche più buoni dei tagli cosiddetti nobili (sono solo più grassi e più coriacei, ma il grasso in una polpetta serve, la rende più morbida, e il coriaceo sparisce quando la si trita).

DUE Sono il cibo di recupero per antonomasia, ottimo per nobilitare qualsiasi avanzo.

TRE Nei ristoranti non si trovano mai, pochi hanno il coraggio di proporle, dato che i ristoratori temono che i clienti pensino che siano state preparate con carne di scarto. Sono quindi casalinghe che di più non si può. Sanno sempre e comunque di nonna e di mamma, e non è poco...

QUATTRO Sono facili da fare. Come disse Artusi: «È un piatto che tutti lo sanno fare cominciando dal ciuco, il quale fu forse il primo a darne il modello al genere umano». Sintesi perfetta...

CINQUE Nascono di carne ma si possono fare con pesce, legumi, cereali e quant'altro. Sempre ottime!

Questo detto, vediamo di conoscere i pochi segreti necessari al successo di una polpetta.

UNO In questo libro diciamo sempre: tritate. Siamo convinti che questo avvenga col tritatutto, perché è comodo, perché tutti fanno così. Se avete però un po' di tempo e un coltello affilato, è molto meglio tagliarle a dadini piccolissimi con questo: risulteranno più buone. Il perché non si sa precisamente, ma l'evidenza empirica, dopo infiniti assaggi, lo certifica.

DUE Carne cruda o cotta? È inutile porsi il problema, quindi se abbiamo un avanzo va bene utilizzare carne cotta, se non lo abbiamo vada con la carne cruda. Ogni soluzione ha i suoi gusti e la sua storia.

TRE Ci sono tanti modi per renderle morbide. Uno è imbattibile e poco costoso, come accennato prima: utilizzare tagli ricchi di grasso. Ma se volete, osate anche aggiungere lardo o pancetta: arricchiscono sempre, oltre che ammorbidire. D'accordo, di grassi ne mangiamo troppi, ma come sempre vige la regola aurea di Paracelso che dice: è la dose che fa il veleno. Quindi se le mangiamo tutti i giorni – anche se nessun piatto va mangiato tutti i giorni – pochi grassi, se le mangiamo ogni tanto via libera.

QUATTRO Qual è il contorno ideale? Sono due, il primo è un'insalatina mista condita con una vinaigrette a base di olio, succo di limone o aceto, sale, senape e altri profumi a piacere. Il secondo sono le onnipresenti, amatissime patate fritte. Ovviamente ne esistono tantissimi altri...

Buone polpette a tutti!

POLPETTE CLASSICHE DI carne

350 g di polpa macinata di vitellone
150 g di mollica
pangrattato
salsa di pomodoro
1/2 cipolla
1 spicchio di aglio
1 rametto di rosmarino
1 cucchiaio di prezzemolo tritato
1 uovo
1 bicchiere di latte intero
1 bicchiere di olio di semi di arachidi
2 cucchiai di olio, farina
sale, pepe

1 Sbucciate la cipolla e l'aglio e tritateli sottilissimi. Bagnate la mollica di pane con il latte e lasciate assorbire. **2** In una ciotola ampia mettete la polpa di vitellone, unite l'aglio e la cipolla. Aggiungete la mollica di pane strizzata, l'uovo leggermente sbattuto e il prezzemolo tritato. **3** Salate, pepate e impastate a piene mani. Se l'impasto fosse troppo morbido unite poca farina. Formate delle palline del peso di 40 g l'una. **4** In una padella alta versate gli oli e unite il rametto di rosmarino. Panate le polpette con pangrattato e friggetele nell'olio ben caldo. **5** Scolatele e posatele su carta per fritti. Servitele nappate con la salsa di pomodoro calda, accompagnandole con una misticanza di insalatine.

Polpettine
DI
CARNI MISTE
ALL'ARRABBIATA

100 g di polpa macinata di manzo
100 g di polpa macinata di maiale
100 g di polpa macinata di vitello
100 g di mollica
220 g di cipolle
farina
1 uovo
1 spicchio di aglio
1/2 cucchiaino di peperoncino in polvere
1 cucchiaino di semi di cumino
1 bicchiere di latte
5 cucchiai di olio di semi di arachidi
brodo vegetale, olio, sale

1 In una ciotola mettete le tre carni e mescolatele. Unite 20 g di cipolla e l'aglio tritati, la mollica bagnata nel latte e strizzata, l'uovo, una buona presa di sale e metà delle spezie. **2** Impastate a piene mani fino a ottenere un composto compatto. Formate delle polpettine ovali e infarinatele leggermente. **3** Stufate le cipolle a rondelle in poco brodo e in un filo d'olio, poi unite le spezie. Regolate di sapore. **4** In un wok scaldate l'olio e friggete le polpettine, poi scolatele su carta per fritti. **5** Versate le polpette nelle cipolle calde e lasciatele insaporire per qualche minuto. **6** Servitele con patate lesse, condite con olio, sale, aceto e prezzemolo tritato.

POLPETTE
DI CARNE ARROSTO
"Ubaldine"

300 g di carne arrosto, 100 g di mollica
1 salsiccia di suino sbriciolata
1 bicchiere di latte intero
2 cucchiai di pangrattato
50 g di grana grattugiato

1 bicchiere e 1/2 di olio, 1 uovo
1 cucchiaio di prezzemolo tritato
1 cucchiaino di spezie in polvere
(cannella, pepe, noce moscata,
chiodo di garofano), sale

1 Immergete la mollica di pane nel latte. **2** In una ciotola ampia mettete la carne di arrosto tritata e la salsiccia sbriciolata. Unite il sale e le spezie. **3** Aggiungete la mollica strizzata e l'uovo leggermente sbattuto, il grana e il prezzemolo tritato. Se l'impasto è troppo morbido unite pangrattato. Formate polpette rotonde non troppo grandi. **4** Panatele con pangrattato e friggetele nell'olio ben caldo. **5** Scolatele su carta da cucina e accompagnatele con insalata di pomodori e cipolle.

Mondeghili

300 g di carne bollita mista
100 g di polpa di patata lessa
70 g di pasta di salame o salsiccia
2 uova, pangrattato
1 cucchiaio di prezzemolo tritato
foglie di salvia, 1 spicchio di aglio
1 cucchiaino di scorza di limone non trattato
burro, olio, sale, pepe

SONO LE CELEBRI POLPETTE MILANESI FATTE CON GLI AVANZI DEL BOLLITO MISTO.

1 Mettete in una ciotola carne tritata e pasta di salame. Unite la polpa di patata, un uovo, la scorza grattugiata del limone, l'aglio tagliato sottile, il prezzemolo tritato e sale. **2** Impastate a piene mani e aggiungete poco pangrattato se l'impasto è troppo morbido. Formate delle polpette ovali. **3** Scaldate in una padella alta abbondanti burro e olio con salvia. Passate le polpette nell'uovo sbattuto e poi nel pane. Rosolatele fino a doratura. Servitele con patate al forno.

POLPETTE DI VITELLO CON MORTADELLA E PISTACCHI

300 g di polpa di vitello macinata
60 g di mortadella macinata
80 g di mollica
1 uovo, farina
50 g di grana grattugiato
2 cucchiai di granella di pistacchi
1 spicchio di aglio
1 bicchiere di brodo di carne
60 g di burro chiarificato
sale, pepe

1 In una ciotola unite polpa di vitello e mortadella. Aggiungete la mollica bagnata nel brodo e strizzata, l'uovo leggermente sbattuto, il grana, l'aglio tritato, sale, pepe e la granella di pistacchi. Impastate a piene mani. **2** Regolate di sale e pepe e formate con il composto delle polpette poco più grandi di una noce. Passatele nella farina. **3** Sciogliete il burro chiarificato e rosolate le polpette fino a doratura. **4** Sgocciolatele e mettetele su carta per fritti. Servitele con pinzimonio di verdure miste.

———❦———

Polpettine di pollo IN AGRODOLCE CON PINOLI

200 g di polpa di pollo lessa
100 g di prosciutto cotto tritato
80 g di mollica, farina, 1 tuorlo
50 g di grana grattugiato
30 g di pinoli
1 spicchio di aglio, 1 cipollotto
1 cucchiaio di prezzemolo tritato
1 cucchiaino di zucchero
2 cucchiai di aceto balsamico
vino bianco, brodo vegetale
20 g di burro
sale, pepe

1 In una ciotola mescolate il pollo e il prosciutto. Bagnate la mollica con il brodo e mezzo bicchiere di vino, strizzatela e unitela alle carni. Aggiungete grana, tuorlo, aglio e prezzemolo tritati, pepe e una buona presa di sale. **2** Impastate a piene mani e formate polpettine grandi come una grossa noce. Schiacciate leggermente le polpettine, infarinatele e rosolatele nella padella già calda con il burro. **3** Coprite le polpette con il cipollotto tritato, aggiungete l'aceto e lo zucchero, mescolate e lasciate evaporare leggermente. Bagnate con mezzo bicchiere di brodo, regolate di sale e cuocete per 5 minuti, scoperto. **4** Fuori dal fuoco unite i pinoli tostati. Servite le polpette con cavolo rosso sottilissimo, condito con sale e olio.

POLPETTINE
DI
carni bianche
IN CREMA ALLO YOGURT

300 g di polpa di carni tritate miste
  (agnello, tacchino, pollo)
300 g di yogurt greco
2 cipolle rosse
1 spicchio di aglio
100 g di mollica di pane
1 uovo, 1 tuorlo
origano essiccato
foglie di menta fresca
1/2 bicchiere di latte
1/2 bicchiere di vino
olio, sale, pepe

1 Bagnate nel latte la mollica di pane e strizzatela. In una ciotola mescolate
la carne, la mollica di pane, l'aglio spellato e tritato, l'origano, una buona presa
di sale e una spolverata di pepe. **2** Impastate a piene mani. Formate palline
grosse come noci. **3** Ungete con poco olio una pirofila. Sbucciate le cipolle,
affettatele a rondelle e coprite con queste il fondo della pirofila. Sistemate
le polpette all'interno della pirofila e irroratele con il vino e con un filo di olio.
4 Cuocete in forno caldo a 180 °C per 40 minuti, avendo cura di girare
le polpette a metà cottura. **5** Mescolate l'uovo e il tuorlo con lo yogurt.
Salate e pepate a piacere. Sfornate le polpette e ricopritele con la crema
di yogurt. **6** Rimettete la preparazione in forno per altri 10 minuti,
per fare in modo che la crema di yogurt si addensi.
7 Guarnite con le foglie di menta e servite.

POLPETTE
DI TACCHINO E MELE

300 g di polpa di tacchino tritata
100 g di mollica di pane
1 bicchiere di brodo vegetale
1 mela Granny Smith
farina di semola
1 uovo
olio, sale, pepe

1 Lavate la mela, sbucciatela
e tagliatela a dadini. Mettete nella
ciotola la carne, la mela e la mollica,
bagnata nel brodo e strizzata.
Aggiungete uovo, pepe e una presa
di sale. **2** Impastate a piene mani
per compattare. Unite pangrattato
o farina per indurire, se necessario.
Coprite la ciotola con pellicola
per alimenti e ponete in frigorifero
per più tempo possibile. **3** Formate
polpette ovali e rotolatele bene nella
farina di semola. Mettete le polpette
in una teglia da forno leggermente
oleata, distanziate tra loro. **4** Cuocete
in forno a 180 °C per 20 minuti,
avendo cura di girarle a metà cottura.
Servite con funghi trifolati.

POLPETTE BARILOCHE
di coniglio

200 g di arrosto di coniglio
   tritato
100 g di mollica di pane
1 bicchiere di latte
50 g di grana grattugiato
80 g di bietole lessate
1 spicchio di aglio
1 uovo, pangrattato
salsa di pomodoro (facoltativa)
brodo vegetale
burro
olio di semi di arachidi
olio, sale, pepe

1 In una ciotola mescolate la carne
e le bietole strizzate. Unite l'uovo
leggermente sbattuto, la mollica
bagnata nel latte e strizzata e il grana.
Salate e pepate. **2** Impastate
e formate polpettine grandi come
prugne. **3** Panatele e friggetele
in olio di semi. Scolatele su carta
per fritti. **4** Scaldate 3 cucchiai di olio
e 20 g di burro con l'aglio schiacciato
e ripassatevi le polpette, unendo poco
brodo e salsa di pomodoro a piacere.
Servite con purè di patate.

POLPETTINE MULTITASKING

300 g di carne di manzo macinata
50 g di salsiccia sbriciolata
50 g di mollica di pane
80 g di grana grattugiato
1 spicchio di aglio
1 cucchiaio di prezzemolo
1 uovo, 1 albume
1/2 bicchiere di latte
olio di semi di arachidi
sale, pepe

1 In una ciotola mescolate salsiccia e manzo. Unite pane bagnato nel latte e strizzato, grana, uovo sbattuto, prezzemolo e aglio tritati, sale e pepe.

2 Mescolate a piene mani. Se il composto risulta morbido aggiungete poco pangrattato; se è troppo sodo poco latte. Impastate. **3** Formate polpettine non più grandi di una nocciola. In una padella scaldate abbondante olio di semi di arachidi. Passate le polpettine in poco albume sbattuto, per evitare che si rompano in cottura, e friggetele, saltandole e mantenendo il fuoco vivace. **4** Scolatele su carta da cucina e usatele per farcire timballi di pasta, riso o lasagne, o nel sugo per pasta.

Polpette di pollo
ALLO
ZENZERO

300 g di polpa di pollo lessata
1 porro, 1 radice di zenzero
100 g di polpa di patata lessa
1 mazzetto di prezzemolo
1 uovo, 1/2 bicchiere di panna
olio, sale

1 Tagliate il pollo a pezzetti e mettetelo nel bicchiere del frullatore. Spellate il porro, sbucciate lo zenzero e lavate il prezzemolo. Tagliateli grossolanamente e uniteli alla polpa di pollo. **2** Frullate

a intermittenza fino ad avere un composto sbriciolato. Aggiungete patata, uovo sbattuto, panna e una presa di sale. Frullate ancora per amalgamare. **3** Formate polpette grandi come un uovo e disponetele in una pirofila oleata. **4** Cuocete in forno a 190 °C per 20 minuti. Bagnate con il vino e proseguite la cottura per altri 10 minuti. **5** Raffreddate leggermente prima di servire. Accompagnate con salsa rosa arricchita con whisky a piacere.

Polpettine
QUASI ASCOLANE
al forno

200 g di polpa di tacchino
100 g di prosciutto cotto tagliato sottile
100 g di mollica di pane
40 g di grana grattugiato
20 olive verdi grandi denocciolate
1 cipollotto
2 bicchieri di brodo vegetale
40 g di burro
olio, sale, pepe

1 Tagliate la polpa di tacchino a cubetti e lessatela per 5 minuti
in un bicchiere di brodo vegetale bollente. Scolatela e raffreddatela.
2 In una ciotola mettete la mollica di pane e copritela con il brodo vegetale.
Mettete la polpa di tacchino nel frullatore. Strizzate la mollica del pane
e unitela al tacchino. Aggiungete il prosciutto, il burro morbido, le olive tritate,
il grana, il cipollotto tritato, il sale e il pepe. Frullate fino ad amalgamare
il composto. **3** Formate delle polpettine e disponetele su una placca
rivestita di carta da forno. Irroratele con un filo di olio.
4 Cuocete a 200 °C per 20 minuti, avendo cura di girarle a metà cottura.
Servitele con un'insalatina di peperoni.

POLPETTE DI VITELLO IN CARPIONE

Si raccomanda di gustare queste polpette il giorno dopo.

250 g di avanzi di vitello
   arrosto o grigliato
130 g di mollica di pane
1 uovo, pangrattato
1 cucchiaio di prezzemolo
1 bicchiere di latte
50 g di burro
farina
olio di semi di arachidi
succo di limone
sale, pepe

Per il carpione
1 cipolla rossa
2 spicchi di aglio
foglie di salvia
1/2 bicchiere di aceto bianco
2 bicchieri di vino bianco
1 cucchiaio di Marsala
2 cucchiai di olio

1 Spezzettate il pane e mettetelo in una ciotola. Versate il latte tiepido e lasciate che il pane lo assorba. Mettete in una casseruola 2 dita di acqua leggermente salata e acidulata con poco succo di limone. **2** Tagliate il vitello a pezzetti e mettetelo nel bicchiere del frullatore. Aggiungete il pane ben strizzato e il burro morbido. Frullate a intermittenza. **3** Versate il composto nella ciotola e unite una buona presa di sale, il prezzemolo tritato, l'uovo sbattuto. Impastate. Se l'impasto dovesse risultare troppo morbido unitevi poca farina. **4** Formate delle polpette di forma rotonda e schiacciatele leggermente. Passatele nel pangrattato e friggetele nell'olio di semi ben caldo. Scolatele su carta per fritti e sistematele in una pirofila. **5** Per preparare il carpione scaldate l'olio in una padella. Aggiungete la cipolla sbucciata e tagliata a rondelle e l'aglio spellato e tritato. Fate soffriggere. Versate il vino bianco, l'aceto e il Marsala. Profumate con la salvia e portate a leggera ebollizione per 5 minuti. **6** Versate il carpione ancora bollente sulle polpette. Fate raffreddare e mettete in frigorifero coperto con pellicola per alimenti. Accompagnate con patate lesse condite con olio e prezzemolo.

Polpette
DI MAIALE AL VAPORE

400 g di polpa di maiale tritata
1 cipolla
1 cucchiaino di prezzemolo
1 cucchiaino di maizena
1/2 bicchiere di salsa di soia
1 cucchiaio di vermut bianco

1 cucchiaino di zucchero
   grezzo di canna
foglie di lattuga
1 cucchiaino di scorza di limone
1 pizzico di peperoncino in polvere
1 albume, olio, sale

1 Tritate la cipolla. Lavate delle foglie di lattuga, tritatele a julienne e sbollentatele per 2 minuti in acqua salata. **2** Mescolate la carne con albume e maizena. Aggiungete la scorza tritata del limone e tutti gli altri ingredienti tranne l'olio. Regolate di sale e impastate. **3** Coprite il fondo del cestello per la cottura a vapore con carta da forno. Ungetela, bucatela e sistematevi le polpette. Coprite e cuocete per 20 minuti, girandole almeno una volta. **4** Infilzate le polpette con degli stecchini e servitele calde, con cetrioli conditi con olio e grana.

MEATPOPS
CON I cornflakes

200 g di carne in scatola
200 g di mascarpone
100 g di grana grattugiato

cornflakes non zuccherati
1 cucchiaino di paprica
sale

1 Tagliate la carne sottile. In una ciotola mescolate il mascarpone con il grana e aggiungete la carne. Profumate con la paprica e mescolate con un cucchiaio di legno. **2** Formate delle polpettine e rotolatele nei cornflakes fino a coprirle. Regolate di sapore. Sistematele in pirottini di carta e ponetele su un piatto da portata. **3** Raffreddatele in frigorifero per almeno 2 ore. Prima di servirle infilzatele con dei bastoncini da cakepop.

POLPETTE
DI MERLUZZO
all'olandese

250 g di polpa di merluzzo
150 g di mollica di pane
salsa olandese
1 uovo
foglie di salvia
1 cucchiaio di prezzemolo tritato

1 pizzico di noce moscata
1 bicchiere di latte
50 g di burro, farina
60 g di burro chiarificato
succo di limone
sale, pepe

1 Spezzettate il pane e mettetelo in una ciotola. Versate il latte tiepido
e lasciate che il pane lo assorba. **2** Mettete in una casseruola 2 dita di acqua
leggermente salata e acidulata con poco succo di limone. Cuocete il pesce
per 4 minuti e raffreddatelo leggermente. **3** Nel bicchiere del frullatore
mettete la polpa di pesce lessata, il pane ben strizzato e il burro morbido.
Frullate a intermittenza. **4** Versate il composto nella ciotola e unite
una buona presa di sale, pepe, il prezzemolo tritato, l'uovo leggermente
sbattuto e la noce moscata. Impastate. Se l'impasto dovesse risultare
troppo morbido unitevi poca farina. Formate delle polpette di forma ovale
e schiacciatele leggermente. **5** In una padella fate soffriggere il burro
chiarificato con la salvia, mettetevi le polpette e fatele dorare su entrambi
i lati. **6** Ponetele su un piatto da portata caldo e servitele immediatamente,
nappate con salsa olandese. Accompagnate con patate novelle
cotte a vapore.

POLPETTINE DI ALICI
IN GUAZZETTO
di pomodoro

400 g di alici pulite
600 g di passata di pomodoro
2 cipolle dorate piccole
2 uova
80 g di pecorino grattugiato
60 g di grana grattugiato
20 g di uva passa

pangrattato
il succo di 1 limone
1 cucchiaio di prezzemolo tritato
basilico, zucchero
2 cucchiai di olio
olio di semi di arachidi
sale, pepe

1 Sbucciate le cipolle e tagliatele a rondelle. Irrorate le alici con il succo di limone e lasciatele a marinare per 10 minuti. **2** Sgocciolatele e mettetele nel bicchiere del frullatore. Unite i formaggi e frullate a intermittenza, fino a ottenere un composto sbriciolato. **3** Versatelo in una ciotola e aggiungete il prezzemolo tritato, le uova, l'uva passa ammorbidita e tagliata a pezzettini. Impastate fino a ottenere un composto omogeneo. **4** Formate polpettine grandi come una noce e panatele. Friggetele in abbondante olio di semi bollente. Scolatele su carta da cucina. **5** In una padella versate l'olio e unite le cipolle. Fate soffriggere per un minuto e versate la passata di pomodoro. Salate e pepate, aggiungete un pizzico di zucchero. Mescolate e portate a cottura per 30 minuti. **6** Aggiungete le polpette, le foglie di basilico e cuocete per altri 10 minuti. Servite con polenta di mais bianco.

POLPETTE DI TONNO
fagioli E *azuki*

400 g di tonno sottolio sgocciolato
250 g di fagioli azuki lessati
50 g di polpa di patata lessa
50 g di grana grattugiato
1 uovo

farina, pangrattato
1 cucchiaio di prezzemolo tritato
1 cucchiaio di cipolla rossa
olio di semi di arachidi
sale, pepe bianco

1 Mettete nel frullatore i fagioli, il tonno e la patata. Frullate a intermittenza per sbriciolare gli ingredienti e versateli in una ciotola. **2** Unite il grana, il prezzemolo tritato, la cipolla tagliata sottile, una presa di sale e pepe. Impastate a piene mani. **3** Formate delle polpette schiacciate. Passatele nella farina, poi nell'uovo sbattuto e infine nel pangrattato. **4** Tuffatele in abbondante olio di semi di arachidi poche alla volta. Scolatele su carta da cucina. Servitele con maionese mescolata con cetriolini e capperi.

Polpette
GRIGLIATE
DI SURIMI
E PEPERONI

300 g di polpa di surimi tritata
80 g di polpa di patata lessa
2 falde di peperoni sottolio
il succo di 1/2 limone
1 cucchiaio di prezzemolo
1 cucchiaino di erba cipollina
1 uovo, sale, pepe

1 In una ciotola mescolate il surimi, le patate, i peperoni tritati, e il succo di limone. Salate e pepate. **2** Versate l'uovo sbattuto, il prezzemolo e l'erba cipollina tritati. Impastate, unendo della mollica di pane sbriciolata se l'impasto dovesse essere troppo morbido. **3** Scaldate bene una bistecchiera. Ricavate dall'impasto delle polpette larghe e piatte e grigliatele su entrambi i lati. Servitele su insalata di carote, radicchio e ravanelli.

POLPETTINE
di pesce
CON
SALSA TARTARA

300 g di avanzi di zuppa di pesce
o di filetti di pesce arrosto
100 g di mollica di pane integrale
1/2 spicchio di aglio, 2 uova
1 cucchiaino di scorza di limone
2 cucchiai di grana grattugiato
farina, pangrattato
1/2 bicchiere di vino bianco
5 cucchiai di olio
sale, pepe bianco

1 Togliete tutte le lische al pesce. Mettetelo nel frullatore con la mollica di pane, il vino, sale, l'aglio spellato, la scorza grattugiata e pepe. Frullate a intermittenza fino a ottenere un composto sbriciolato. **2** Trasferite il composto in una ciotola e unite il grana, un uovo e una presa di sale. Impastate a piene mani. **3** Formate polpette grandi come noci. Passatele nella farina, poi nell'uovo sbattuto e infine nel pangrattato. **4** In una padella versate l'olio, scaldatelo e rosolatevi le polpette. **5** Una volta cotte raffreddatele leggermente e infilzatele su spiedini di legno. Servitele con salsa tartara.

POLPETTINE DI TROTA
e gamberetti

300 g di filetti di trota rosa senza pelle
100 g di gamberetti sgusciati
100 g di polpa di patata lessa
2 tuorli, farina, 1 spicchio di aglio

1 mazzetto di prezzemolo
1 cucchiaio di salsa di soia
60 g di burro chiarificato
30 g di burro, sale, pepe

1 Togliete tutte le lische rimaste ai filetti con una pinzetta. **2** In una casseruola sciogliete una noce di burro. Unite l'aglio spellato e schiacciato e rosolatelo. Aggiungete i filetti di trota e cuoceteli per 8 minuti, girandoli a metà cottura. Unite i gamberetti, la salsa di soia, regolate di sale. Mescolate e cuocete per 3 minuti. **3** Raffreddate leggermente e tagliate trota e gamberetti a pezzetti. In una ciotola unite il pesce, la patata, il prezzemolo tritato, legate con i tuorli sbattuti e regolate di sale e pepe. **4** Formate piccole polpette, infarinatele e rosolatele nel burro chiarificato ben caldo. Servitele calde o tiepide con della maionese a parte.

POLPETTE DI SGOMBRO CON *funghi* E CURRY

200 g di sgombro sottolio
150 g di champignon
150 g di polpa di patata lessa
50 g di grana grattugiato
pangrattato
2 uova

1 cucchiaio di capperi dissalati
1 cucchiaino di curry
1 spicchio di aglio
1 cucchiaino di prezzemolo tritato
olio
sale

1 Soffriggete l'aglio tritato in una padellina con 2 cucchiai di olio. Aggiungete i funghi tagliati sottili. Rosolate. Unite lo sgombro, salate leggermente e cuocete per 5 minuti, mescolando. **2** Fuori dal fuoco profumate con il curry e schiacciate il composto con i rebbi di una forchetta. **3** Mettete in una ciotola la patata. Unite lo sgombro e i funghi, i capperi tritati, il grana, un uovo e regolate di sale. Impastate e formate polpette ovali. **4** Sbattete l'uovo e unite il prezzemolo tritato. Bagnatevi le polpette e panatele. Sistematele su una placca foderata con carta da forno leggermente unta di olio. **5** Cuocetele in forno a 180 °C per 30 minuti, girandole a metà cottura. Servite le polpette su un letto di insalata tipo scarola.

POLPETTE
DI BACCALÀ
olive E nere

350 g di baccalà dissalato
400 g di polpa di pomodoro
1 spicchio di aglio
20 olive nere denocciolate
1 cucchiaio di capperi sottaceto
1 cucchiaino di origano essiccato

1 uovo
100 g di mollica di pane
zucchero
1 bicchierino di acquavite
olio
sale, pepe

1 Lavate il baccalà sotto l'acqua, lessatelo e fatelo raffreddare.
In una ciotola bagnate la mollica di pane con l'acquavite e poca acqua bollente.
2 Mettete il pesce nel frullatore, unitevi la mollica strizzata, metà capperi
sciacquati, metà olive a rondelle e frullate. 3 Versate il composto in una
ciotola, legatelo con l'uovo, salatelo e pepatelo. Impastate e formate polpette
di media grandezza. 4 Scaldate abbondante olio e friggetele, poi scolatele
su carta da cucina. 5 In un'altra padella versate 2 cucchiai di olio, unite
l'aglio spellato e rosolatelo. Aggiungete la polpa di pomodoro, salate e unite
un pizzico di zucchero. Terminate con le olive, i capperi rimasti e l'origano.
Cuocete per 10 minuti mescolando. 6 Sistemate le polpette in un piatto
da portata e irroratele con il pomodoro. Servitele con riso basmati bollito,
condito con burro e un pizzico di peperoncino.

Crocchè di patata

Queste crocchette si accompagnano bene anche con un'insalata di carote e arance.

700 g di patate, meglio se farinose
2 uova
1 cucchiaio di prezzemolo tritato
noce moscata in polvere
pangrattato
1 pizzico di zucchero
olio di semi di arachidi
sale

1 Lavate le patate e mettetele a lessare partendo da acqua fredda
per 40 minuti dall'ebollizione. Scolatele e pelatele. Passatele allo
schiacciapatate e disponetele su un grande piatto. Unite il sale, lo zucchero,
un po' di noce moscata e il prezzemolo tritato, mescolate e fate raffreddare.
Copritele con pellicola per alimenti e mettetele in frigorifero per una notte.
2 Il giorno dopo formate delle polpette cilindriche. Passatele prima nelle uova
sbattute e poi nel pangrattato. 3 Raffreddatele ancora per almeno 2 ore.
4 Friggetele in abbondante olio di semi e scolatele su carta da cucina.
Servite le crocchè di patate su un letto di lattughino.

POLPETTE
DI SPINACI

300 g di spinaci lessati
150 g tra ceci e cannellini lessati
100 g di mollica di pane
60 g di grana grattugiato
1 cipolla
foglie di salvia
1 cucchiaino di paprica dolce in polvere
1 uovo
pangrattato
1/2 bicchiere di latte
60 g di burro chiarificato
olio, sale, pepe

1 In una padella con un filo di olio soffriggete la cipolla tritata,
poi unite gli spinaci. Salate, pepate e cuocete per 5 minuti mescolando.
2 In una ciotola sbriciolate la mollica e bagnatela con il latte tiepido.
Nel bicchiere del frullatore versate gli spinaci, unite i legumi, il grana,
la mollica strizzata e frullate. **3** Versate il composto in una ciotola,
profumatelo con la paprica, regolate di sale, legatelo con l'uovo
e impastatelo. Unite pangrattato all'occorrenza. **4** Formate polpette
grandi come noci e rosolatele in una padella in cui avrete sciolto il burro
con foglie di salvia. Mettetele in un piatto da portata caldo e servite
con polenta grigliata.

POLPETTE DI CAVOLFIORE
e groviera

600 g di cime di broccolo lessate
100 g di groviera grattugiato
60 g di pangrattato
1 cucchiaino di senape dolce
2 uova
1 spicchio di aglio
olio di semi di arachidi
sale, pepe

1 Mettete nel bicchiere del frullatore le cime di broccolo, l'aglio tritato, 60 g di pangrattato, il formaggio e del sale. Frullate fino a ottenere un composto sabbioso. **2** Versatelo in una ciotola. Legate con un uovo, unite la senape, regolate di sale, spolverate con il pepe e impastate. **3** Formate delle polpette e schiacciatele leggermente. Passate le polpette prima nell'uovo sbattuto, poi nel pangrattato e friggetele in olio di arachidi ben caldo. **4** Scolatele su carta per fritti. Per servirle ponetele in un piatto ricoperto con foglie di lattughino.

POLPETTE DI MELANZANA
e origano

la polpa di 2 melanzane
1 cucchiaio di aceto bianco
50 g di mollica di pane
60 g di grana grattugiato
1 cucchiaio di prezzemolo tritato
1/2 spicchio di aglio, pangrattato
foglie di salvia, 2 uova
1/2 bicchiere di latte intero
1 cucchiaio di aceto bianco
sale, pepe

1 Lessate la polpa delle melanzane in acqua e aceto leggermente salata per 10 minuti. Scolatela (tenete da parte poca acqua di cottura) e lasciatela intiepidire nel colino. **2** Sbriciolate il pane in una ciotola e bagnatelo con l'acqua delle melanzane, poi strizzatelo bene. **3** In una ciotola mettete la polpa di melanzana, il grana, un uovo sbattuto, l'aglio e il prezzemolo tritati. Completate con 2 cucchiai di pangrattato, sale e pepe e amalgamate. **4** Formate polpette ovali, passatele nell'uovo, allungato con il latte e poi nel pangrattato. **5** In una padella versare l'olio e unite le foglie di salvia. Scaldate e rosolate le polpettine. Servite le polpettine con patate arrosto.

ARANCINE
DI ZUCCHINE

500 g di zucchine
200 g di mollica di pane
1/2 spicchio di aglio
100 g di edamer a cubetti
1 uovo, pangrattato
4 cucchiai di verdure per soffritto
50 g di polpa di pomodoro
4 cucchiai di olio, olio di semi
sale, pepe

1 Spuntate le zucchine, tagliatele a pezzi, poi a metà. In una padella
versate 2 cucchiai di olio, unite l'aglio tritato e le zucchine.
Cuocete fino a che diventeranno morbide, unitevi la mollica sbriciolata,
salate e pepate e mescolate. Versate il composto in una ciotola.
2 In un'altra padella soffriggete le verdure per soffritto nell'olio rimanente
per 4 minuti, unite il pomodoro, regolate di sale e versate tutto nella ciotola
con il composto di pane e zucchine. **3** Amalgamate e formate polpette
rotonde. Tenendole tra le mani bucatele con il pollice e inserite in ognuna
un cubetto di formaggio. Richiudetele e passatele prima nell'uovo sbattuto,
poi nel pangrattato. **4** Friggetele poche per volta in olio di semi caldo.
Servitele con pinzimonio di verdure.

POLPETTE DI ZUCCA E CASTAGNE

200 g di zucca cotta, 300 g di ricotta
100 g di castagne lesse
1 pizzico di noce moscata in polvere

4 cucchiai di grana grattugiato
1 cucchiaino di prezzemolo tritato
sale

1 Mettete nel frullatore zucca, castagne, ricotta, grana, prezzemolo tritato e noce moscata. Regolate di sapore. Frullate per amalgamare. **2** Formate polpette piatte e disponetele sulla placca ricoperta di carta da forno.
3 Cuocete in forno già caldo a 200 °C per 20 minuti, girando le polpette a metà cottura. Servite con spinaci stufati.

Crocchelle DI MINESTRONE

300 g di minestrone
  con pasta o riso avanzato
4 cucchiai di grana grattugiato
2 cucchiai di farina
1 uovo
foglie di basilico (o prezzemolo)
olio di semi di arachidi

> L'olio per friggere in immersione, come in questo caso, dovrebbe essere tre volte il peso di ciò che va fritto.

1 Mettete il minestrone freddo in una ciotola.
Aggiungete grana e farina e mescolate. **2** Aggiungete l'uovo sbattuto e basilico o prezzemolo tritati. Raffreddate il composto per 10 minuti in freezer. **3** Scaldate l'olio di semi in una casseruola.
Con l'aiuto di due cucchiai formate le crocchelle e versatele poche per volta. Doratele e scolatele su carta da cucina.
Servitele su un letto di lattughino e ravanelli.

POLPETTE DI FUNGHI
nel **cestino**

150 g di porcini secchi
1 cucchiaio di prezzemolo tritato
150 g di mollica di pane
1 scalogno
1/2 bicchiere di latte
2 uova
pangrattato
40 g di lattughino rosso

40 g di songino
20 pomodorini ciliegia
aceto balsamico
olio, sale, pepe

Per i cestini
grana grattugiato
1 cucchiaino di paprica dolce

1 Ammorbidite i funghi in acqua tiepida per 20 minuti, sciacquateli
e tritateli. In una padella con 3 cucchiai di olio rosolate lo scalogno tritato.
Aggiungete i funghi e il prezzemolo tritato e cuocete per 5 minuti.
2 In una ciotola mettete la mollica sbriciolata e copritela con il latte.
Strizzatela e incorporatevi funghi, uova e pangrattato se il composto fosse
troppo morbido. Salate e pepate. **3** Formate polpette rotonde e posatele
sul cestello per la cottura a vapore coperto con carta da forno bucata
e leggermente oleata. Cuocete a vapore coperto per 20 minuti.
Raffreddate le polpette. **4** Per i cestini, mescolate il grana alla paprica.
Scaldate una padella e versate un mucchietto di grana. Con il dorso
di un cucchiaio stendetelo e fatelo fondere. Disponetelo su un bicchiere
rovesciato dandogli la forma. **5** Condite con olio, sale e aceto i pomodorini
tagliati a metà e le insalate. Mettete poca insalata nel cestino di formaggio,
adagiatevi una o più polpette e servite.

POLPETTINE DI FAVE
nel panino

250 g di fave lessate
1 uovo, 50 g di mollica di pane
1 mazzetto di prezzemolo
1/2 spicchio di aglio
farina
lattughino
40 g di formaggio spalmabile
4 fette di pecorino dolce
4 rosette
4 cucchiai di olio, sale, pepe

1 Mettete nel bicchiere del frullatore le fave, la mollica di pane sbriciolata, l'uovo, il sale, il pepe e le foglie del prezzemolo. Frullate fino a ottenere un composto omogeneo. **2** Formate delle polpettine grandi come una noce e infarinatele. In una padella scaldate l'olio con l'aglio e sistematevi le polpettine distanziate. Rosolatele e deponetele su carta da cucina. Fate raffreddare leggermente. **3** Aprite i panini, spalmateli con il formaggio e adagiatevi lattughino e pecorino dolce. Completate con una o più polpettine, chiudete e servite.

BOCCONCINI
di miglio
CON PISELLI E TOFU

150 g di miglio
150 g di piselli, 150 g di tofu
1 cipolla, 20 pomodorini ciliegia

4 cucchiai di pangrattato integrale
farina, aceto, olio di arachidi
olio, sale, pepe in grani

1 Fate lessare il miglio e i piselli in acqua bollente salata per 20 minuti.
2 Scolateli in una ciotola, unitevi il tofu, il pangrattato, una presa di sale
e pepe macinato a piacere. Impastate a piene mani fino a ottenere un composto
sodo. **3** Formate delle polpette tonde, passatele nella farina e friggetele
in abbondante olio di arachidi caldo. **4** Scolatele su carta per fritti.
Servitele con un'insalata di cipolla e pomodorini condita semplicemente
con olio, aceto e sale (foto a destra).

POLPETTE
DI FAGIOLI CANNELLINI

250 g di fagioli cannellini lessati
50 g di grana grattugiato
aromi misti (salvia, rosmarino,
    basilico) tritati
2 cipollotti

3 cucchiai di pangrattato
1 uovo, farina
20 g di burro, rucola
olio di semi di arachidi
sale, pepe

1 Passate al setaccio i fagioli cannellini. Pulite i cipollotti, tagliateli a rondelle
e stufateli nel burro per ammorbidirli. **2** Mettete in una ciotola i fagioli
con il cipollotto stufato, il trito aromatico, il pangrattato e l'uovo. Regolate
di sale e pepe e mescolate. **3** Formate polpette di media grandezza e passatele
nella farina. Friggetele poche per volta in abbondante olio si semi ben caldo.
Scolatele e posatele su carta da cucina. Servitele su un letto di rucola.

POLPETTE DI LENTICCHIE
e piselli

250 g di lenticchie lessate
150 g di pisellini in barattolo
1 cipolla
1 uovo, pangrattato
2 cucchiai di prezzemolo tritato
2 foglie di salvia
burro
sale, pepe

1 Sciogliete un po' di burro e fate appassire la cipolla spezzettata a fuoco bassissimo. Sbollentate i pisellini per 2 minuti. **2** Frullateli con le lenticchie e la cipolla, se necessario facendo addensare a fuoco dolce. Amalgamate l'uovo sbattuto con il prezzemolo tritato, sale e pepe e incorporatelo al passato, addensando con pangrattato. **3** Dividete l'impasto in 8 parti e date a ciascuna la forma di un hamburger. Fate sciogliere in una padella abbondante burro a fuoco basso con la salvia e dorate le polpette, scolatele e passatele su carta da cucina. Servitele ben calde.

Quenelle DI BORLOTTI
AL PÂTÉ DI OLIVE

300 g di avanzi di pasta e fagioli
(anche senza pasta)
100 g di mollica di pane
100 g di grana grattugiato
1/2 spicchio di aglio
1 cucchiaino di rosmarino tritato
1 uovo, prezzemolo
2 cucchiai di pâté di olive verdi
olio, sale, pepe

1 Mettete in una casseruola l'avanzo di pasta e fagioli e fatelo asciugare cuocendolo a fuoco dolce. **2** Mettetelo in un piatto e schiacciatelo con i rebbi di una forchetta. Unite il grana, l'uovo, l'aglio, il rosmarino e del prezzemolo tritati, la mollica sbriciolata e il pâté. Regolate di sale e di pepe e formate un composto sodo. **3** Rivestite la placca con carta da forno e ungetela leggermente. Con l'aiuto di due cucchiai dosate le quenelle e ponetele sulla placca. Irroratele con un filo di olio. **4** Cuocete in forno a 180 °C per 30 minuti. Se dovessero tendere a bruciarsi copritele con alluminio per alimenti. Servite con insalata mista.

ARANCINI DI RISO

250 g di riso per risotti
120 g di polpa di manzo macinata
100 g di pisellini
polpa di pomodoro
1 cipollotto

3 uova, grana
pangrattato, farina
vino bianco secco, burro
olio di semi di arachidi
sale, pepe

1 Lessate il riso in acqua bollente salata, scolatelo al dente e conditelo con una noce di burro e 2 cucchiai di grana. **2** Appena si è intiepidito unite 2 uova sbattute e stendetelo su un vassoio a raffreddare.
3 Fate appassire il cipollotto tritato con poco burro. Unite la carne mescolando per sbriciolarla e sfumate con un bicchierino di vino. Aggiungete 2 cucchiai di polpa di pomodoro e i pisellini. Regolate di sale e pepe e fate cuocere fino a che la salsa si sarà ben addensata.
4 Con il riso freddo preparate palle grosse come arance. Fate un buco in mezzo con il dito, riempite con il ripieno e richiudete con riso.
5 Passate gli arancini rapidamente nella farina poi nell'uovo sbattuto e infine nel pangrattato. **6** Friggeteli, due alla volta, in abbondante olio di arachidi caldissimo, scolateli su carta da cucina e serviteli.

Polpette

DI RISO

MELANZANE E PROVOLA

200 g di riso lesso
provola
1 melanzana
1 uovo
1 spicchio di aglio
1 cucchiaino di prezzemolo
   tritato

1 cucchiaino di origano essiccato
1 cucchiaio di triplo concentrato
   di pomodoro
aceto di vino bianco
pangrattato
olio di semi di arachidi
sale, pepe

1 Togliete la buccia alla melanzana e tagliatela a cubetti. Lessatela in poca acqua salata a cui avrete aggiunto un cucchiaio di aceto bianco, fino a renderla molto morbida. Scolatela e asciugatela tra due fogli di carta da cucina.
2 In una ciotola mettete il riso, la polpa della melanzana, l'aglio tritato, l'origano, il prezzemolo tritato e il concentrato di pomodoro.
3 Regolate di sale e pepe e impastate a piene mani fino a ottenere un composto sodo. Formate delle polpette grandi come una prugna. Scavate con il pollice un incavo in ognuna e inseritevi un cubetto di provola. Richiudete le polpette e arrotondatele. **4** Passatele nel pangrattato e friggetele in abbondante olio di semi ben caldo. Raffreddatele leggermente e mettetele su un piatto da portata. Servitele con salsa ketchup.

POLPETTE
DI
pane nero

300 g di pane raffermo
6 uova
200 g di grana grattugiato
100 g di uva passa
100 g di pinoli
1 mazzo di prezzemolo tritato
olio di semi di arachidi
sale, pepe

1 Bagnate velocemente il pane in acqua e strizzatelo bene.
Tostate brevemente i pinoli in un padellino antiaderente a fuoco dolce
e tritateli grossolanamente. Ammollate l'uva passa in acqua tiepida
per 20 minuti, scolatela, strizzatela e spezzettatela. **2** In una ciotola sbattete
le uova, unite il pane e lasciate che si imbeva. Fatelo riposare per 10 minuti
poi aggiungete il grana, il prezzemolo tritato, sale e pepe e impastate
il composto con le mani. Aggiungete per ultimi l'uva passa e i pinoli.
3 Preparate delle piccole polpette rotonde con le mani umide e scaldate
in una padella abbondante olio di semi. **4** Friggete nell'olio di semi le polpette,
poche alla volta, finché non saranno colorite e croccanti. Scolatele
su carta assorbente e servitele subito. Accompagnate con una salsa fredda
di pomodori frullati con olio, sale e pepe e un bel ciuffo di basilico.

NARGISI KOFTA

6 uova
1 cipolla piccola sbucciata e tagliata sottile
300 g di polpa di carne macinata mista
    (manzo, pollo, agnello, tacchino)
4 cucchiai di polpa di pomodoro
100 g di yogurt bianco cremoso
1 spicchio di aglio
zucchero grezzo di canna
1 cucchiaio di zenzero fresco tritato
1/2 cucchiaino di curcuma
1 cucchiaino di garam masala
1 cucchiaino di pepe
3 cucchiaini di farina di riso
60 g di burro chiarificato
sale

1 Riunite in una ciotola carne macinata, metà delle spezie, l'aglio
e dello zenzero tritati e un uovo crudo. Regolate di sale e impastate.
2 Fate rassodare 4 uova. Dividete l'impasto in quattro parti, alle quali darete
una forma sferica piatta. Appoggiate ogni uovo sodo sulla carne
e avvolgetelo. **3** Passate le polpette nella farina e nell'uovo crudo sbattuto.
Rosolatele per 5 minuti nel burro chiarificato. Trasferitele su carta da cucina.
4 Nella padella con il burro versate la parte restante degli aromi e delle
spezie, la polpa di pomodoro, un cucchiaio raso di zucchero, lo yogurt
e mezzo bicchiere d'acqua. **5** Mescolate, unite le polpette e cuocete a fuoco
lento per 10 minuti. Servite le kofta calde con il sugo di cottura.

ASIAN MEATBALLS

200 g di salsiccia di maiale sbriciolata
150 g di castagna d'acqua cinese
  o patata dolce lessata
50 g di mollica di pane
1 gambo di sedano
2 cipollotti
1 uovo
1 cucchiaio di zenzero fresco tritato
semi di sesamo nero
burro, 3 cucchiai di salsa di soia
sale, pepe

Per la salsa
150 g di maionese
1 cucchiaino di vermut
1 punta di wasabi

1 Pulite i cipollotti e il gambo di sedano e tritateli molto sottili.
Versateli in una padella con 20 g di burro e rosolateli. Aggiungete la salsiccia
e la salsa di soia. Cuocete per 5 minuti mescolando. **2** Fuori dal fuoco unite
la mollica di pane bagnata in acqua bollente e strizzata, l'uovo e la polpa
di patata dolce frantumata e lo zenzero. Regolate di sale e pepe e mescolate
fino a formare un composto omogeneo. **3** Con l'aiuto di due cucchiai
formate delle polpette, bagnatele leggermente e ricopritele di semi di sesamo.
Disponetele sulla carta da forno leggermente unta di burro.
4 Cuocete in forno a 160 °C per 20 minuti. Mescolate gli ingredienti
per la salsa e trasferitela in ciotoline. Servite le polpette calde
con la salsa a parte.

Albondigas
IN
SALSA
PICCANTE

150 g di polpa di maiale macinata
150 g di polpa di manzo macinata
1 cucchiaino di triplo concentrato
   di pomodoro
1 cucchiaino di coriandolo tritato
1 cucchiaino di cumino in polvere
50 g di mollica di pane, latte
1 uovo, sale

Per la salsa
200 g di polpa di pomodoro
1 cipolla
peperoncino fresco
1 spicchio di aglio
1 cucchiaino di zucchero
2 cucchiai di olio

1 Per la salsa: in una padella riscaldate l'olio e rosolatevi la cipolla tritata
sottile, l'aglio tritato e il peperoncino a piacere. Unite la polpa di pomodoro
e lo zucchero e cuocete mescolando per 10 minuti. Lasciate riposare.
2 In una ciotola mettete la carne e mescolate. Unite la mollica bagnata
nel latte e strizzata, e tutti gli altri ingredienti e impastate a piene
mani. **3** Formate delle polpettine rotonde non più grandi di una noce.
Sistematele su una placca ricoperta di carta da forno e cuocetele
a 200 °C per 20 minuti, avendo cura di girarle a metà cottura.
Servite le albondigas calde con la salsa a parte.

Falafel DI CECI

Queste polpette sono perfette ccompagnate con pane tipo arabo.

200 g di ceci secchi
2 spicchi di aglio
1 cipolla, foglie di prezzemolo
1 cucchiaino di coriandolo in polvere
1 cucchiaino di cumino in polvere
1 cucchiaino di curcuma
1 punta di bicarbonato
3 cucchiai di olio
olio di semi di arachidi
sale, pepe

Per la salsa
100 g di tahina
yogurt
prezzemolo
succo di limone
paprica in polvere
sale, pepe

1 Fate ammollare i ceci in acqua fredda per un giorno e mezzo, cambiando l'acqua almeno 3 volte. **2** Scolateli bene e metteteli nel bicchiere del frullatore. Unite l'aglio a pezzetti, la cipolla affettata, abbondanti foglie di prezzemolo, le spezie e il bicarbonato. Regolate di sapore. Frullate versando a filo l'olio. **3** Con il composto formate delle polpettine grandi come una noce. Disponetele su un vassoio leggermente infarinato e raffreddatele per almeno 2 ore in frigorifero. **4** Friggetele poche per volta in olio di semi di arachidi ben caldo. Servitele con una salsa ottenuta mescolando tutti gli ingredienti e diluita con poca acqua fredda.

POLPETTE DI PESCE
all'orientale

CON
SALSA AL LIMONE

600 g di pesce bianco a filetti
1 mazzetto di mentuccia
1 pezzetto di zenzero fresco
fecola
1 cucchiaio di curry dolce in pasta
sale, pepe

Per la salsa
1 limone
1 ciuffo di erba cipollina
1 spicchio di aglio
1 cucchiaino di zucchero grezzo di canna
125 g di yogurt
sale, pepe

1 Private i filetti di pesce dalle lische. Tritate grossolanamente la mentuccia. Sbucciate e grattugiate lo zenzero. **2** Mettete nel frullatore il pesce, il curry, la mentuccia, lo zenzero e un cucchiaio di fecola. Frullate fino a ottenere un composto omogeneo e poi regolate di sale e di pepe. **3** Con le mani umide formate delle polpettine della grandezza di una noce, passatele nella fecola e cuocetele a vapore per 8 minuti. **4** Per la salsa: grattugiate la scorza del limone. Mondate e tritate l'erba cipollina. Mondate e tritate l'aglio. Mescolate lo yogurt con la scorza di limone, l'erba cipollina, lo zucchero, un pizzico di sale e uno di pepe. Aggiungete infine l'aglio e mescolate. Servite le polpettine accompagnatele con la salsa.

Indice
DELLE
RICETTE